白だしの元祖・七福醸造直伝

白だし料理帖

監修◎七福醸造　料理◎柳澤英子

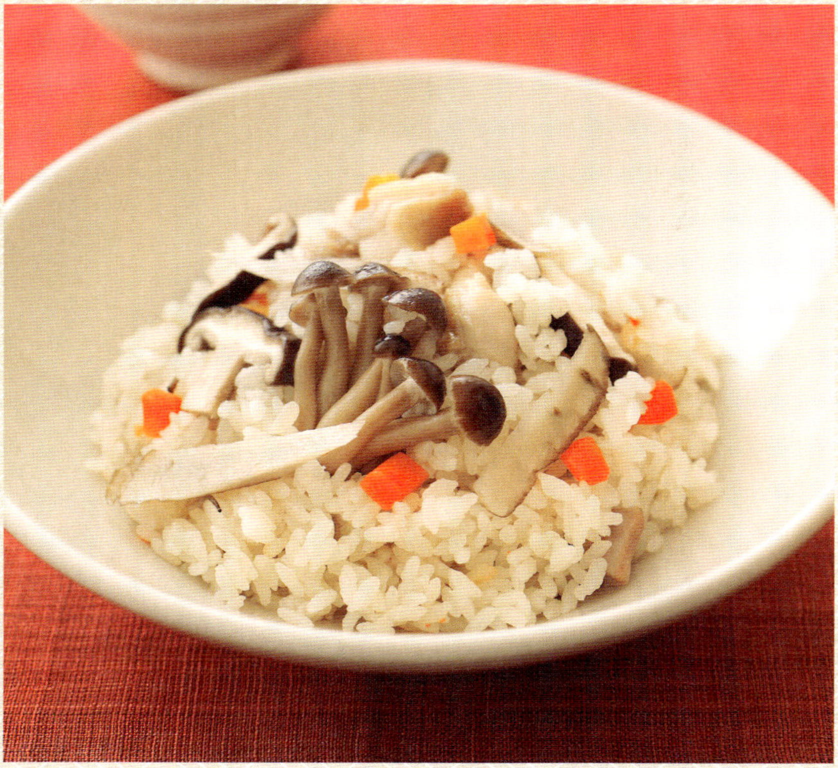

日東書院

目次

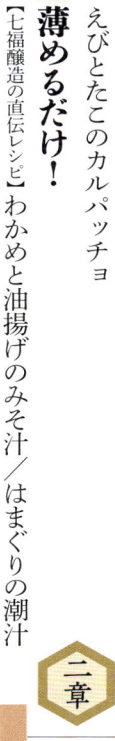

〈本書の使い方〉
◎1カップは200㎖、大さじ1は15㎖、小さじ1は5㎖です。
◎電子レンジの加熱時間は600Wを使用した場合の目安です。
機種によって加熱時間が異なる場合がありますから、様子を見て加減してください。
◎オーブンの加熱時間はあくまで目安です。
機種により加熱具合に差がある場合がありますから、様子を見て加減してください。
◎レシピに記載の白だしの分量は、「七福醸造・料亭白だし」を使った場合の分量です。
ほかの白だしを使用する場合は、P8を参照して分量を調整してください。
◎「七福醸造・料亭白だし」は濃度が高いため、レシピに使用する際には
入れすぎに注意してください。
◎レシピの記載を参照して料理を保存する場合は、清潔な瓶や密閉容器を使用し、
保存目安期間内に食べきってください。

はじめに

ここ数年で、料理に使いやすいと人気が高まっている白だし。

現在、さまざまなメーカーの白だしが出回っていますが、

その元祖が七福《ヒチフク》醸造です。

1978（昭和53）年に日本で初めて白だしを発売して以来、

素材にこだわった製品作りを続けるとともに、

白だしの魅力を広めるべく、

おいしい使い方の研究も重ねてきました。

その白だしの元祖が蓄積してきたテクニックを

伝授してもらって生まれたのが、本書のレシピです。

白だしがあるだけで料理が簡単になることはもちろん、

日本人らしいほっとした味を家庭で楽しむことができます。

このレシピが温かな食卓づくりの

きっかけになってくれることを願っています。

白だしってどんなもの？

白しょうゆにだしが入った、味のバランスがとれた調味料

白しょうゆ

＋

だし

白だしの基本構成は、白しょうゆとだし。だしはかつおぶしや昆布、しいたけなどから抽出したもので、そこに塩、みりんなどが加わります。うまみ、コク、甘み、塩味のバランスがいいのが特徴。七福醸造の白だしは日持ちをよくさせるため、濃度を高めています。

こんなに優秀 白だしマジック！

白だしは、いろんな料理に使える万能調味料。
味つけに役立つ以外にも、たくさんのメリットがあります！

調理がラク＆時短になる！

だしをとる手間がなくなり、味つけも白だしだけで完結するので、料理がぐっとカンタンに。混ぜるだけ、和えるだけ、薄めるだけで一品が完成します！

味つけがピタッと決まる！

コク、うまみ、甘みをバランスよく併せ持っているので、味つけは白だしだけでOK。材料はシンプルでも、しっかりと満足感のある味に仕上がります。

美しく仕上がる

白だしにはほとんど色がありませんから、素材の色合いを活かして料理を美しく仕上げることができます。しょうゆを入れると茶色くなってしまう料理も、白くきれいに！

素材の味が引き立つ

存在感のあるかつおや昆布などの香りが豊かな白だしですが、ほかの材料と合わさると、素材本来の味わいをじゃませず、一層引き立ててくれます。

ほかにもうれしいメリットがいろいろ

臭みを和らげる

生の魚に合わせると、生臭さを和らげてくれ、野菜の青臭さも和らげます。

肉をやわらかく

ぱさつきやすく、かたくなりやすい肉も、やわらかく、しっとり仕上がります。

しっかり味が染みる

七福醸造の白だしは濃度が高いため、煮物でも漬け物でも短時間で素材にしっかりと味が染み込みます。

まろやかな味わいに

味のバランスのよい白だしを使うと、マイルドで食べやすい味になります。

白だしマイスターが伝授！
白だし活用術

七福醸造の「白だしマイスター」に、白だしの活用アイディアを教えてもらいました。うれしい驚きがいっぱいで、きっと試してみたくなるはず！

しょうゆ代わりに かけるだけ

普段しょうゆをかけている料理に白だしをかけてみて。おいしさがストレートに実感できます。

混ぜるだけで 一品完成

生野菜やゆで野菜などを白だしでさっと和えるだけで、おいしい一品が完成します。

薄めるだけで 汁物に

白だしはお湯で薄めると汁物に変身。だしをとったのと同じようなおいしさです。

漬けて おいしさを引き出す

七福醸造の白だしは濃度が高いので、あっという間に味が染み込む！ 浅漬けはスピーディーに仕上げられ、野菜特有の青臭さがやわらぎます。生魚の臭みもやわらげ、肉はやわらかくなる効果も。

和食を 料亭の味に

和食のおいしさを決める“だし”の風味がしっかり出るので、和食がまるで料亭の味に。

いつもの料理に コクをプラス

炒めものから揚げ物まで、普段の料理に白だしを使うだけで、味がワンランクアップ！

一品料理が スピーディに

ごはんものや麺類なども白だしがおいしくしてくれるので、一品だけでお腹も心も大満足！

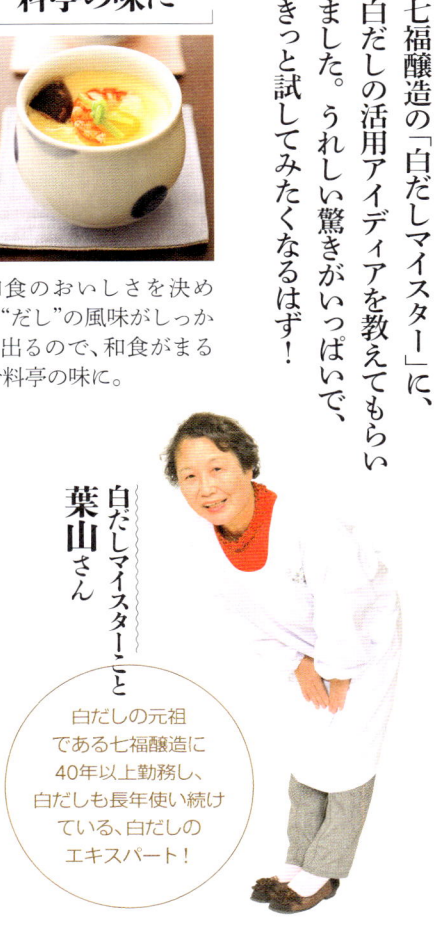

白だしマイスターこと
葉山さん

白だしの元祖である七福醸造に40年以上勤務し、白だしも長年使い続けている、白だしのエキスパート！

かんたん白だし講座

本書のレシピは、どんな白だしを使っておいしく作れます。ただし、使う分量にはコツが必要。ここでは濃度の違いや使う際の換算方法を紹介します。

白だしには、いろいろな濃縮タイプがあります

白だしはだしや調味料を濃縮して作られるものですが、その濃縮度合いは商品によってさまざま。七福醸造の白だしは16倍ですが、それ以外にも複数のタイプがあります。

●七福醸造の白だし

16倍濃縮

●ほかのタイプ

9倍濃縮　10倍濃縮　17倍濃縮

など…

濃縮ってどういう意味？

16倍は、白だしを含めて原液の16倍になるということ。白だし１の量に対して、水15を入れるとおいしいお吸い物になります。

●16倍濃縮なら…

1（白だし）＋ **15**（水）＝ **16** で、お吸い物の濃度になります。

七福醸造以外の白だしを使うときの、カンタン換算法！

本書のレシピは七福醸造の白だし（16倍）を使った場合の分量。ほかの白だしを使う場合は、以下のステップで分量を出しましょう。

ステップ1

パッケージに表示の「お吸い物」の対比率をチェック

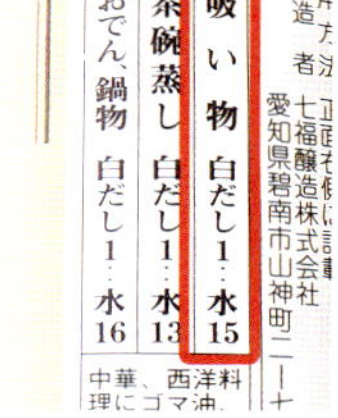

ステップ2

下記の表をチェック！　該当する欄を探す。

「お吸い物」に記載されている対比率	レシピに記載の白だしの量に対し、以下の分量を使う
1：15	レシピ通りの量
1：17	0.8倍の量
1：16	ほぼレシピ通りの量
1：13	ほぼレシピ通りの量
1：12	1.3倍の量
1：9	約1.5倍の量
1：8	ほぼ2倍の量

ステップ3

レシピの分量から、お使いの白だしの使用量を換算

レシピでは大さじ１。
うちの白だしは
「1：9」だから…

大さじ1×1.5＝大さじ1½

ほかのレシピを作る際も白だしの量は すべて1.5倍でOK！

※この換算法で導く白だしの分量はあくまで目安です。お使いの白だしの種類によって味は異なるため、味見をしながら加減してください。

一章

ササッと作れる絶品メニュー

白だしを買ったら、今日からすぐに試してみてほしいシンプルメニューをご紹介！　工程はいたって簡単なのに、しっかりした味に仕上がります。手順が3つ以内で完結する、かけるだけ、混ぜるだけ、薄めるだけ、漬けるだけのレシピです。

かけるだけ!

七福醸造の直伝レシピ

冷や奴

［豆腐のおいしさがぐっと引き立つ］

◎材料（1人分）

絹ごし豆腐………… ½丁
青じそ………………… 1枚
長ねぎ（小口切り）…適量
⬢白だし……………小さじ2

◎作り方

皿に青じそ、豆腐をおき、長ねぎをのせ、白だしをかける。

卵かけごはん

［シンプルなのに、びっくりするおいしさ！］

◎材料（1人分）

卵………… 1個
ごはん……茶碗1杯
⬢白だし…小さじ2

◎作り方

温かいごはんを茶碗によそって卵をのせ、白だしをかける。

長いもの短冊切り

［ごはんにもよく合う味です］

◎材料（1人分）

長いも……4〜5㎝長さ
わさび……少々
⬢白だし…小さじ1

◎作り方

長いもは短冊に切る。器に盛り、わさびをのせ、白だしをかける。

なんにでも、かけてみて！

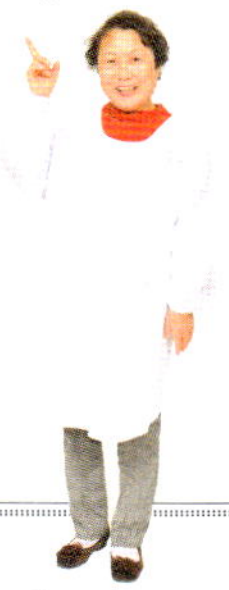

白だしマイスターの「ここがおすすめ!」

白だしのおいしさをストレートに実感するなら、しょうゆ代わりに使うのがおすすめです。素材の味を引き立てながら、深みやコク、やさしい甘みを補ってくれるので、簡単な料理もごちそうに変身！ ただし、濃度が高いのでかけすぎには注意して。

まだまだ使える！ ひとことレシピ

大根おろしにさっとかけると、それだけで小さな副菜になりそうなおいしさ。焼き魚などに添えても◎。

ゆでわかめ

◎作り方（1人分）

1 生わかめ（20g）は水で戻してさっとゆで、食べやすい大きさに切る。

2 器に盛り、おろししょうが（適量）をのせて**白だし（小さじ2）**をかける。

淡白な
わかめにコクを
プラス

ドレッシング
代わりに
白だしを

ゆで豚

◎材料（2人分）

1 豚肉しゃぶしゃぶ用肉（150ｇ）と食べやすくちぎったレタス（２～３枚分）を熱湯でさっとゆで、ざるにあげる。

2 器に盛り、**白だし（小さじ2）**をかける。

いろんなものにかけてみよう！

かけるだけでおいしい、
白だしの使い方アイディアです。
ここで紹介するのは、いろいろ試した中で
発見したイチ押しの食べ方ばかり。
おうちの定番になることうけあいです。

魚の臭みが
不思議と
やわらぐ

刺身

◎作り方（1人分）

器に大根のせん切り（適量）、青じそ（１枚）とともに鯛の刺身（60g）を盛り、**白だし（小さじ1）**をかける。

「目玉焼きには
“白だし派”が
増えるかも

目玉焼き

◎作り方（1人分）

1 フライパンにサラダ油（小さじ1）を熱し、卵（1個）を割り入れる。白身が固まるまで弱火で焼く。

2 器に盛り、四つ割りにしたミニトマト（½個分）を添え、**白だし（小さじ1）**をかける。

※皿に盛る直前、焼いているときの仕上げにかけてもおいしい。

温泉卵

◎作り方（1人分）

1 水1ℓを火にかけて沸騰させたら、卵（1個）を入れてふたをし、火を止める。12 〜 15 分そのまま放置する。

2 器に卵を割り入れ、小口切りにしたあさつき（適量）をのせ、**白だし（小さじ1）**をかける。

専用の
つゆいらず

素材の甘みが
いっそう
引き立つ

アスパラソテー

◎作り方（1人分）

1 グリーンアスパラガス（4本）は根元のかたい部分を切り落とし、ハカマを取り除いて4cm長さに切る。

2 フライパンにバター（10g）を熱し、アスパラをさっと炒めて火を通す。器に盛り、**白だし（小さじ2）**をかける。

混ぜるだけ！

七福醸造の直伝レシピ

［酸味がまろやかに仕上がる］

トマトのシンプルサラダ

◎材料（2人分）

トマト………………２個
オリーブオイル……大さじ½
ブラックペッパー…少々
⬢白だし……………小さじ１

◎作り方

トマトは２cm角に切り、白だし、オリーブオイルで和える。ブラックペッパーをふり、冷やす。

［白だしは油との相性も絶妙］

アボカドのごま和え

◎材料（2人分）

アボカド………１個
白すりごま……小さじ２
ごま油…………大さじ½
⬢白だし………小さじ１

◎作り方

アボカドは２～３cm角に切り、白すりごま、ごま油、白だしで和える。

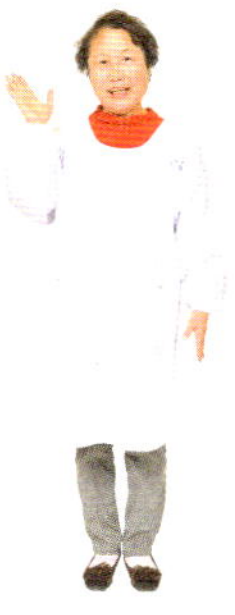

白だしマイスターの「ここがおすすめ！」

和えものやサラダにも、白だしは大活躍！ 調和のとれた塩分とだしのうまみが全体の味のバランスをととのえてくれるので、簡単に味が決まります。

まだまだ使える！ ひとことレシピ

和えるだけのメニューでおすすめなのは、冷製パスタ。細めのスパゲッティをゆで、薬味野菜やゆでて裂いたささみなどと一緒に白だしで和えるだけです。また、ごま和えは白すりごま＋白だしだけでほうれん草やいんげんなどを和えても。

［香ばしさと素材の甘みを味わって］

旬野菜の焼きサラダ

◎材料（2人分）

かぶ……………………1個
にんじん……………3㎝
ブロッコリー………⅓株
オリーブオイル……大さじ1
レモン（半月切り）…2枚
⬢白だし……………大さじ1

◎作り方

1 かぶはくし形切りに、にんじんは縦6等分に切る。ブロッコリーは小房に分ける。

2 天板に1を並べてオリーブオイルをかけ、オーブントースターで8～10分焼く。器に盛り、レモンを絞り、白だしをかけていただく。

白だしだから　おいしい!

白だしは、野菜の青臭さをやわらげてくれるので、野菜本来の甘みやおいしさが堪能できます。

[だしのうまみでどんどん食べられる]

小松菜のナムル

◎材料（2人分）

小松菜……………… ½束
おろしにんにく…少々
ごま油………………大さじ½
⬢白だし…………大さじ½
白いりごま………適量

◎作り方

1 小松菜はさっと塩ゆでし、水にさらして水気をきり、3～4㎝長さに切る。

2 おろしにんにく、ごま油、白だしで和えて器に盛り、白いりごまをふる。

まだまだ使える！ **ひとことレシピ**

小松菜は、ほうれん草やもやし、せん切りのにんじん、新じゃがいもなどに代えてもおいしい。いずれもさっとゆでて水気をきってから和えます。

春菊とれんこんのサラダ

［シャキシャキ感が楽しいおしゃれな一品］

◎材料（2人分）

春菊…………½束
れんこん……小1節
サラダ油……大さじ½
酢……………大さじ½
⬢白だし……大さじ1

◎作り方

1 春菊は葉先を摘み、水にさらす。れんこんは薄切りにし、水にさらす。

2 1の水気をしっかりきり、サラダ油、酢、白だしを加えて混ぜる。

白だしだから **おいしい!**

野菜の青臭さやえぐみを和らげてくれる白だしだからこそ、クセのある野菜も生でおいしくいただけます。

［定番ポテトサラダも白だしで！］

ツナじゃがサラダ

◎材料（2人分）

じゃがいも……2個
たまねぎ………¼個
ツナ缶（水煮）…小1缶（80g）
マヨネーズ……大さじ1
⬢白だし………大さじ½
ドライパセリ…適量

◎作り方

1 じゃがいもは小さめのひとくち大に切り、ゆでて粗くつぶす。

2 1に薄切りにしたたまねぎ、ツナ（汁ごと）、マヨネーズ、白だしを加え混ぜる。器に盛り、ドライパセリをふる。

まだまだ使える！ **ひとことレシピ**

ツナを細かく刻んだアンチョビに代えると、お酒がすすむ大人な味わいに。ビールにも白ワインにもぴったりです。

「いつものお刺身をちょっとアレンジ」

白身魚の和風カルパッチョ

◎材料（2人分）

白身魚（刺身用）………160g
長ねぎ…………………⅓本
青じそ…………………1枚
きゅうり………………½本
A
太白ごま油
（サラダ油でも可）…大さじ½
ゆずこしょう………少々
●白だし……………大さじ½

◎作り方

1 長ねぎ、青じそ、きゅうりはせん切りにして水にさらし、水気をきる。

2 白身魚は薄く切って器に盛り、1をのせる。

3 Aを混ぜ合わせ、2にかける。

白だしだから **おいしい!**

白だし独特のだし風味が魚介類の臭みをやわらげてくれるので、より食べやすく仕上がります。

［おもてなしにも使える鮮やかなひと皿］

えびとたこのカルパッチョ

◎材料（2人分）

ゆでえび……………6尾
ゆでだこ……………120g
A
　粒マスタード……小さじ½
　マヨネーズ………小さじ1
　⬢白だし…………大さじ½

◎作り方

1 ゆでだこは薄く切る。
2 Aを混ぜ合わせて皿に敷き、1とえびを盛る。

まだまだ使える！ **ひとことレシピ**

このソースは魚介類だけでなく、肉にもよく合います。牛肉のたたきやゆで豚、蒸し鶏にかけてどうぞ。

薄めるだけ！

わかめと油揚げのみそ汁

［みそを少なめにするのがポイント］

七福醸造の直伝レシピ

◎材料（2人分）

カットわかめ（乾燥）…２g
油揚げ……………………½枚
長ねぎ（小口切り）……適量
水…………………………２カップ
みそ………………………小さじ２
⬢白だし…………………小さじ２

◎作り方

1 油揚げは熱湯をかけて油抜きし、短冊切りにする。

2 鍋に水とカットわかめを入れて火にかける。煮立ったら火を弱めて１を加え、みそと白だしも加え混ぜる。

3 椀によそい、長ねぎをあしらう。

はまぐりの潮汁

［白だしと貝、ダブルのうまみにしみじみ］

◎材料（2人分）

はまぐり（砂抜き済み）…４個
三つ葉（ざく切り）………適量
水…………………………２カップ
⬢白だし…………………大さじ１½

◎作り方

1 鍋に水とはまぐりを入れて中火にかけ、ふたをする。殻が開いたら火を弱め、白だしを加える。

2 椀によそい、三つ葉をあしらう。

忙しいときも
ラクラク！

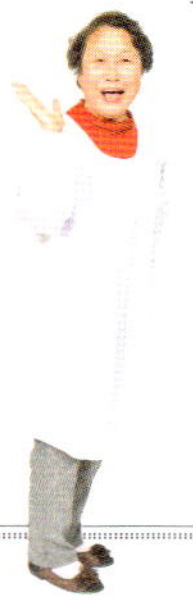

白だしマイスターの「ここがおすすめ！」

白だしは薄めるだけでおいしいだしになるので、料理の時間短縮に。忙しい主婦の強い味方です！ お湯で薄めるだけでも、即席のお吸い物になります。

まだまだ使える！ ひとことレシピ

汁物以外にも、白だしを湯でうすめてお茶漬けにしたり、水でうすめてぶっかけうどんにしても便利。汁ものではありませんが、天つゆに使ってもおいしいです。

薄めるだけ!

サンラータン

［中華の味つけにも、白だしがマッチ］

◎材料（2人分）

木綿豆腐……………… ¼丁
豚ばら薄切り肉…… 1枚
えのきだけ………… ¼袋
卵……………………… 1個
水溶き片栗粉
……片栗粉、水各小さじ2
水……………………… 2カップ
酢……………………… 大さじ2
ブラックペッパー…少々
ラー油………………… 少々
●白だし……………… 大さじ1½

◎作り方

1 豆腐は4等分に切る。豚肉は1㎝幅に切る。えのきだけは石づきを切り落とす。

2 鍋に水と白だしを入れて中火にかけ、沸騰したら1を加える。アクを取り、水溶き片栗粉でとろみをつける。

3 割りほぐした卵を加えてひと煮立ちしたら火を止め、酢を加え混ぜる。器に盛り、ブラックペッパーをふってラー油をかける。

白だしだから おいしい!

白だしが酢の酸味をまろやかに仕上げてくれます。油とも相性がぴったりです。

冷や汁

［白だしは冷たいメニューでもお役立ち］

◎材料（2人分）

あじの干物……１枚
木綿豆腐………¼丁
きゅうり………１本
みょうが………１個
青じそ…………１枚
白いりごま……大さじ１
水………………２カップ
●白だし………大さじ１½
雑穀ごはん（好みで）
……………………適量

◎作り方

1 あじの干物は焼いて粗くほぐしておく。豆腐は手で大きくちぎる。きゅうりは小口切りにして白だし小さじ１（分量外）と合わせ、しんなりしたら水気を絞る。みょうがは小口切り、青じそは手で粗くちぎる。

2 水と白だしを合わせ、冷蔵庫に入れて冷やす。

3 器に１を盛り、２を注いで白いりごまをふる。好みで雑穀ごはんにかけていただく。

薄めるだけ!

トマトスープ

［トマトの酸味をだしがやさしく包む］

◎材料（2人分）

トマトジュース……2カップ
トマト（ざく切り）…小2個
⬢白だし……………大さじ1
ブラックペッパー…少々

◎作り方

1 鍋にトマトジュース、白だしを入れて中火にかけ、煮立ったらトマトを加えてさっと煮て火を止める。

2 器に盛り、ブラックペッパーをふる。

まだまだ使える！ **ひとことレシピ**

仕上がったらあら熱をとり、冷蔵庫で冷やしてから食べてもおいしい。

ポテトスープ

［生クリームと白だしは相性ばつぐん！］

◎材料（2人分）

じゃがいも……２個
たまねぎ………¼個
バター…………10g
水………………１½カップ
生クリーム……½カップ
●白だし………大さじ１½
ドライパセリ…適量

◎作り方

1 じゃがいもは８㎜厚さのいちょう切りにする。たまねぎは薄切りにする。

2 鍋にバターを入れて中火にかけ、１を入れて炒め、水を加える。

3 じゃがいもがやわらかくなったら生クリームを加えて弱火にし、白だしで味をととのえる。器に盛り、ドライパセリをふる。

白だしだから **おいしい！**

意外にも、白だしは乳製品とびっくりするほど相性ぴったり。バター、牛乳、チーズのほか、豆乳もおすすめです。

五分で完成！の即席スープ

時間がないときや、汁物が足りないときに重宝する、即席スープ。お湯を注ぐだけかレンジで加熱するだけでOKです。忙しい朝や、食事を簡単に済ませたいときにぜひどうぞ。

合わせる
おかずを
選ばず便利

即席わかめスープ

◎材料（2人分）

カットわかめ（乾燥）… 2g
かいわれ大根………… ¼パック
水……………………… 2カップ
◆白だし……………… 大さじ2

◎作り方

鍋に水とカットわかめを入れて中火にかけ、煮立ったら白だしを加える。器に盛り、かいわれ大根をあしらう。

電子レンジで
加熱するだけ！

即席ねぎ卵スープ

◎材料（2人分）

あさつき（小口切り）… 4本
卵（割りほぐす）……… 2個
水……………………… 2カップ
◆白だし……………… 大さじ2

◎作り方

耐熱ボウルに全ての材料を入れ、ふんわりとラップをかけ、電子レンジで3～4分加熱する。

しその香りが
さわやか

かまぼこと
青じその吸い物

◎材料（2人分）

かまぼこ（半分の大きさに切る）… 4 切れ
青じそ（手で粗くちぎる）………… 2 枚
お湯………………………………… 2 カップ
⬢白だし……………………………大さじ 2

◎作り方

椀にかまぼこと青じそを入れる。お湯を注ぎ入れ、白だしを加え混ぜる。

磯の香りで
ほっとする
おいしさ

焼きのりと
長ねぎの吸い物

◎材料（2人分）

焼きのり（手でちぎる）… ¼枚
長ねぎ（粗みじん切り）… 4 cm分
お湯……………………… 2 カップ
⬢白だし…………………大さじ 2

◎作り方

椀に焼きのりと長ねぎを入れる。お湯を注ぎ入れ、白だしを加え混ぜる。

白だし マイスターが 伝授！

白だしを汁物に使うときの、黄金比率！（七福醸造の場合）

水・200mℓ（1カップ）に対して 白だし・大さじ1

この比率を覚えておけば、即席スープはもちろん、汁物を作るときもラクラク。入れる具材によって塩気は変わってきますから、上記の比率をベースに味をみて加減してください。

漬けるだけ!

かぶの浅漬け

［短時間でもしっかり味］

◎材料（作りやすい分量）

かぶ…………4個（約200g）
⬢白だし……大さじ2

◎作り方

かぶはくし形切りにし、ビニール袋に入れて白だしを加えて軽くもむ。空気を抜くように袋の口を閉じて10分ほど漬ける。

水菜の浅漬け

［つけ合わせにも大活躍!］

七福醸造の直伝レシピ

◎材料（作りやすい分量）

水菜…………2株（約200g）
⬢白だし……大さじ2

◎作り方

水菜は3～4cm長さに切り、ビニール袋に入れて白だしを加えて軽くもむ。空気を抜くように袋の口を閉じて10分ほど漬ける。

まだまだ使える! ひとことレシピ

かぶは大きめのものを薄切りにして、千枚漬け風にしてもおいしいです。また、新しょうがの甘酢漬けに少し加えると、しょうが独特の辛みが白だしでまろやかに。

白だしマイスターの「ここがおすすめ!」

特に七福醸造の白だしは濃度が高いので、素材に味が染み込みやすいのが特長。浅漬けにすると短い時間ですぐに味がなじみます。

漬けるだけ!

〔レンジで作るお手軽レシピ!〕和風ピクルス

◎材料(作りやすい分量)

きゅうり……………………1本
大根…………………………3㎝
にんじん……………………3㎝
しょうが(薄切り)……1かけ
赤唐辛子(小口切り)…1本分
酢…………………………大さじ3
砂糖………………………大さじ2
水…………………………1カップ
⬢白だし…………………大さじ3

白だしだから おいしい!

白だしが酸味をまろやかにしてくれるので、ピクルスに使うと酢がきつすぎず、だしの風味でごはんにもよく合う味わいに。

◎作り方

1 きゅうりは皮をピーラーなどで縞目にむき、1㎝厚さの小口切りにする。大根は1㎝角、にんじんは8㎜角の棒状に切る。

2 耐熱ボウルにしょうが、赤唐辛子、酢、砂糖、水、白だしを入れて混ぜ、大根とにんじんを加え、ふんわりとラップをして、電子レンジで2分加熱する。大きく混ぜ、きゅうりを加え混ぜる(半日後から食べられる)。

※密閉容器に漬け汁ごと移しかえて冷蔵庫に入れ、4、5日のうちに食べ切る。

［ヨーグルトを使った変わり漬け］

パプリカのヨーグルト漬け

◎材料（作りやすい分量）

パプリカ（赤・黄）……………各１個
プレーンヨーグルト（無糖）…１カップ
⬢白だし………………………大さじ２

◎作り方

1 パプリカは縦に１cm幅ほどに切る。

2 ヨーグルトに白だしを加え混ぜ、１を漬ける（半日後から食べられる。食べる直前にヨーグルトを水で洗い、水気を拭く）。

※密閉容器に漬け床ごと移しかえて冷蔵庫に入れ、３日のうちに食べ切る。

まだまだ使える！ **ひとことレシピ**

パプリカ以外にも、カブやオクラ、みょうがやきゅうりなど、いろいろな野菜で作れます。

野菜がもっとおいしくなる、浅漬けいろいろ

味が浸透しやすい白だしは、浅漬けにおすすめ。あっという間に味が染み込むので、一般的な浅漬けよりも早く食べられて便利です。お子さんにもよろこばれ、サラダ感覚で野菜がたっぷり食べられます。

白だし効果で
苦みがやさしく
仕上がる

ピーマンの浅漬け

◎材料（作りやすい分量）

ピーマン……4、5個
ごま油………小さじ1
⬢白だし……小さじ2〜大さじ1

◎作り方

ピーマンは横に5〜6㎜幅に切ってビニール袋に入れ、ごま油、白だしを加え混ぜ、軽くもむ。空気を抜くように袋の口を閉じて10分ほど漬ける。

※密閉容器に漬け汁ごと移しかえて冷蔵庫に入れ、3日のうちに食べ切る。

みょうがの浅漬け

◎材料（作りやすい分量）

みょうが………5、6個
水……………… ½カップ
酢………………大さじ2
みりん…………小さじ1
⬢白だし………大さじ2

◎作り方

1 みょうがは縦半分に切る。

2 耐熱容器に水、酢、みりん、白だし、1を入れ、ふんわりとラップをして電子レンジで1分加熱する（2〜3時間後から食べられる）。

※密閉容器に漬け汁ごと移しかえて冷蔵庫に入れ、4、5日のうちに食べ切る。

白だしで
辛みが
まろやかに

切り干し大根で
お手軽に

はりはり漬け

◎材料（作りやすい分量）

切り干し大根……… 30g
にんじん…………… 3㎝
水…………………… ½カップ
酢…………………… ½カップ
砂糖…………………大さじ1
赤唐辛子（輪切り）… 1本分
⬢白だし……………大さじ3

◎作り方

1 切り干し大根は洗って、水につけて戻す。水気をしっかりと絞りきる。にんじんはせん切りにする。

2 鍋に水、酢、砂糖、赤唐辛子、白だしを合わせ、ひと煮立ちさせて火を止め、1を加え混ぜる（1時間後くらいから食べられる）。

※密閉容器に漬け汁ごと移しかえて冷蔵庫に入れ、4～5日のうちに食べ切る。

定番野菜も
白だしで
ラクラク

きゅうりと しその浅漬け

◎材料（作りやすい分量）

きゅうり…… 2本
青じそ……… 4枚
水…………… ½カップ
⬢白だし……大さじ2½

◎作り方

1 きゅうりは皮をピーラーなどで縞目にむき、半分の長さに切る。青じそは縦半分に切る。

2 密閉容器に1を入れ、水と白だしを加えて漬ける（半日後から食べられる）。

※冷蔵庫に入れ、3日のうちに食べ切る。

漬けるだけ！

［洋風献立の箸休めにもどうぞ］

オクラの浅漬け カレー風味

◎材料（作りやすい分量）

オクラ………4、5本
水…………… ½カップ
カレー粉……小さじ1
⬢白だし……大さじ1

◎作り方

鍋に水、カレー粉、白だしを入れて中火にかける。煮立ったら火を止め、オクラを丸ごと加え、そのまま冷ます（2～3時間後から食べられる）。食べやすく切っていただく。

※密閉容器に漬け汁ごと移しかえて冷蔵庫に入れ、3日のうちに食べ切る。

まだまだ使える！ **ひとことレシピ**

カレー味の漬け汁には、うずらの卵の水煮や、さっとゆでた根菜などもよく合います。

きのこのマリネ

［白だし入りのお湯でゆでるのがポイント］

◎材料（作りやすい分量）

しめじ……………………… ½パック
えのきだけ………………… ½袋
しいたけ……………………小４個
A
赤唐辛子（小口切り）… １本分
おろしにんにく……… ½かけ分
レモン汁…………………大さじ１分
●白だし…………………大さじ１½
こしょう…………………少々
オリーブオイル………大さじ１
ドライパセリ……………少々

白だしだから　おいしい！

白だしは酢の酸味をまろやかにしてくれるので、マリネもやさしい味わいに仕上がります。材料をゆでるときに白だしを少し加えると、味のなじみがよくなります。

◎作り方

1 しめじ、えのきだけは石づきを切り落として小房に分ける。しいたけは石づきを切り落として薄切りにする。

2 Aを大きめの耐熱ボウルに入れ、ふんわりとラップをして、電子レンジで３分加熱する。

3 鍋に湯をわかし、白だし小さじ１（分量外）を入れ、１を入れてさっとゆでる。ざるにあげて水気をきり、きのこが温かいうちに２に入れて混ぜる。30分以上おく。乾燥パセリを混ぜ合わせる。

※密閉容器に漬け汁ごと移しかえて冷蔵庫に入れ、３日のうちに食べ切る。

使い方がもっと広がる！ 便利な白だしソース&たれ

料理の味つけに使えるだけでなく、具材を加えるだけでソースやたれに変身するのも白だしのすごいところ。普段の食事でいろいろ使えるレシピと食べ方アイディアを紹介します。

［ 白だしならではの美しさ！ ］

白だしジュレ

◎材料（作りやすい分量）

水…………… 150mℓ
レモン汁…… 20mℓ
●白だし……大さじ3
粉末寒天……小さじ½

◎作り方

鍋に水、レモン汁、白だしを入れて中火にかけ、煮立つ直前で火を止める。粉末寒天を加え混ぜる。密閉容器に流し入れ、そのまま冷ます。

※冷蔵庫で保存。使う前にざっとかき混ぜる。3、4日のうちに食べ切る。

例えばこんな食べ方で

トマトサラダ

生のトマトにかけるだけ！ ほかの野菜サラダのドレッシングとしても使えます。とんかつやかきフライなどの揚げ物にもぴったり。

[和食のおともに、いろいろ使える]

きざみしょうがだれ

◎材料（作りやすい分量）

しょうが（みじん切り）
………………… 100g
ごま油…………大さじ1
●白だし………大さじ2

◎作り方

材料を全て混ぜ合せる。

※冷蔵庫で保存。使う前にざっとかき混ぜる。3、4日のうちに食べ切る。

例えばこんな
食べ方で

焼き油揚げ

カリッと焼いた油揚げにかけて。冷や奴はもちろん、鍋の薬味としてもおいしくいただけます。そのままごはんにかけても。

［ 白く仕上げたあっさりソース ］

さっぱりミートソース

◎材料（作りやすい分量）

鶏ひき肉……………………… 100g
ゆでたけのこ（みじん切り）… 50g
おろししょうが……………… 2かけ分
長ねぎ（みじん切り）………… $\frac{1}{3}$本
水………………………………… 100mℓ
●白だし……………………大さじ3
粉寒天………………………小さじ$\frac{1}{2}$

◎作り方

粉寒天以外の材料を鍋に入れて混ぜ、中火にかける。煮立ったらアクを取り除いて、3分ほど煮る。火を止め、粉寒天を加え混ぜる。密閉容器に汁ごと入れ、そのまま冷ます。

※冷蔵庫で保存。使う前にざっとかき混ぜる。3、4日のうちに食べ切る。

例えばこんな食べ方で

ふろふき大根風

ゆでた大根にのせ、小口切りのあさつきをちらせば見た目もかわいい一品に。冷めてもおいしく食べられますが、再度加熱するととろっとしたソース状になります。オムレツのソースにしても。

［ 白だしと好相性の卵と合わせて ］

卵マヨソース

◎材料（作りやすい分量）

ゆで卵（粗みじん切り）… 3 個
たまねぎ（みじん切り）… ⅙個
きゅうり（粗みじん切り）…½本
マヨネーズ………………大さじ 1
⬢白だし…………………小さじ 2

◎作り方

材料を全て混ぜ合せる。

※冷蔵庫で保存。使う前にざっとかき混ぜる。
2、3日のうちに食べ切る。

例えばこんな
食べ方で

チキン南蛮風

お惣菜のから揚げにのせるだけでボリュームたっぷりのおかずが完成。サンドイッチの具にしたり、タルタルソースの代わりにエビフライにつけてもおいしい。

［ 和食にも洋食にもよく合う ］

豆乳ソース

◎材料（作りやすい分量）

豆乳……………………………２カップ
バター………………………… 30g
小麦粉…………………………大さじ２
●白だし………………………大さじ１½
エリンギ（粗みじん切り）… ２本

◎作り方

フライパンにバターを入れて弱火にかけ、バターが溶けたら小麦粉を加え混ぜて炒める。豆乳を少しずつ加え混ぜる。白だし、エリンギを加え混ぜ、１～２分混ぜながら煮る。

※冷蔵庫で保存。使う前にざっとかき混ぜる。３、４日のうちに食べ切る。

例えばこんな食べ方で

ポークソテー豆乳ソース

フライパンで焼いた豚肉にかけるだけ。魚やチキンソテーにかけてもおいしく、パンに塗ってトーストしても美味。

二章

みんなに大好評！ 主役おかずレシピ

白だしの真骨頂が発揮されるのは、やっぱり和食。難しそう…と避けがちな茶碗蒸しや王道の煮物も、自慢の得意料理になるはずです。さらに、毎日のおかずをもっとおいしくするレシピや、白だしの色合いを活かしたおもてなし料理も紹介します。

七福醸造の
直伝レシピ

茶碗蒸し

［白だしだけで驚きのおいしさに！］

◎材料（2人分）

えび……………………4尾
鶏ささみ…………20g
かまぼこ…………2切れ
しいたけ…………小1個
ぎんなん（水煮）…4粒
卵……………………1個
水……………………180mℓ
⬢白だし…………大さじ1
三つ葉……………適量

◎作り方

1 卵は割りほぐし、水、白だしと合わせてざるでこす。

2 えびの殻をむいて背ワタを取る。ささみは筋を取ってひと口大に切る。えびとささみを小鍋に入れ、酒大さじ½、白だし少々（ともに分量外）をふり入れてさっと炒りつけておく。しいたけは石づきを切り落として縦4等分にする。

3 2、かまぼこ、ぎんなんを器に入れ、1を注ぐ。蒸気が上がった蒸し器に並べ入れ、強火で2〜3分蒸してから弱めの中火にして10〜12分蒸す。

4 竹串を刺して透き通った汁が出たら火を止める。三つ葉の茎をさっとゆでて結んだものを飾る。

白だしがあれば、
今日から料理上手！

白だしマイスターの
「ここがおすすめ！」

やっぱり一番白だしを使ってほしいのは和食。どんなものもおいしく仕上げてくれます。七福醸造の白だしは当初、料亭の茶碗蒸しのために作られたものなんです。だから茶碗蒸しは絶対におすすめ！

まだまだ使える！ **ひとことレシピ**

蒸し器がない場合は、フライパンの底にふきんなどを敷いて安定させ、卵液と具材が入った器を並べます。器の半量程度に熱湯を入れ、ふたをして蒸せば完成です。

定番和食を料亭の味に

筑前煮

［おふくろの味も、白だしでおいしく完成！］

◎材料（2人分）

鶏もも肉……… 100g
れんこん……… 40g
ごぼう………… ¼本
竹の子（水煮）… 60g
にんじん………小⅓本
こんにゃく…… ½枚
きぬさや………適量
サラダ油………大さじ1
水………………2カップ
みりん…………大さじ1
●白だし………大さじ3½

◎作り方

1 鶏肉はひと口大に切る。れんこんは半月切りに、ごぼうは乱切りにして水にさらし、水気をきる。竹の子はくし形切り、にんじんは半月切りにする。こんにゃくは手でちぎってさっとゆでる。

2 鍋にサラダ油を熱し、中火で鶏肉を炒める。焼き色がついたら1の野菜、こんにゃくを加えてさらに炒める。

3 全体に油が回ったら水、みりん、白だしを入れ、煮汁が⅓になるまで煮つめる。

4 煮汁につけたまま冷まし、器に盛る。塩ゆでしたきぬさやを散らす。

白だしだから おいしい！

白だしは、甘みやうまみなどトータルの味のバランスがいいので、ほかの調味料をいろいろ加えなくても、味つけがバッチリ決まります。

厚焼き卵

［おいしいだしがじゅわっとあふれる］

◎材料（2人分）

卵………………………４個
砂糖……………………小さじ２
⬢白だし………………大さじ１½
サラダ油………………大さじ１
大根おろし、青じそ …各適量

◎作り方

1 ボウルに卵を割り入れ、砂糖、白だしを加え混ぜ、ざるでこす。

2 卵焼き器にサラダ油を熱し、中火にして１の⅓量を流し入れ、箸で大きく混ぜて半熟状になったら片側に寄せる。弱めの中火にし、残りの１の半量を流し入れ、固まってきたら巻いていく。残りも同様に焼く。

3 食べやすい大きさに切り、大根おろし、青じそを添える。好みで大根おろしに白だし少々（分量外）をかける。

白だしだから **おいしい！**

白だしは卵との相性がいいので、生卵でも、蒸しても、焼いても、どんな調理法でも使ってみてください。

［白だしならではの上品な色合い］

ぶり大根

◎材料（2人分）

ぶり……………………2切れ
大根……………………小⅓本
しょうが（薄切り）…1かけ
水………………………1½カップ
みりん…………………大さじ½
⬢白だし………………大さじ2
かぼすの皮（細切り）
……………（あれば）適量

◎作り方

1 鍋に1㎝厚さの半月切りにした大根、水を入れて中火にかける。煮立ったらみりん、白だしを加え、弱めの中火で10分ほど煮る。

2 ぶりは食べやすい大きさに切り、白だし少々（分量外）をまぶして5分ほどおく。出てきた水分をふきとる。

3 1にしょうがとぶりを加え、落としぶたをして5分ほど煮る。器に盛り、あればかぼすを天盛りにする。

白だしだから おいしい！

白だしが魚の臭みを和らげてくれるので、まぶしてしばらくおくだけで、おいしさがアップ。ぶり以外の魚にも使えるテクニックです。

きんぴらごぼう

［甘辛味にも白だしが合う］

◎材料（2人分）

ごぼう………………½本（約150g）
にんじん……………¼本（約50g）
糸こんにゃく………小１袋
みりん………………小さじ１
赤唐辛子（輪切り）…１本分
サラダ油……………小さじ２
⬢白だし……………大さじ１

◎作り方

1 ごぼうとにんじんは細切りにし、ごぼうは水にさらして水気をきる。

2 フライパンにサラダ油を熱し、1、糸こんにゃくを入れて中火で炒める。みりん、赤唐辛子、白だしを加え、水気がなくなるまで炒め煮する。

まだまだ使える！ **ひとことレシピ**

ごぼうをれんこんの薄切りに代えてもおいしく仕上がります。下ゆでして格子に切れ目を入れ、角切りにしたこんにゃくで作れば、小さなおつまみに。

［まろやかな酸味で食べやすい］

ほたてときゅうりの酢の物

◎材料（2人分）

ほたて貝柱…………100g
きゅうり……………1本
生わかめ……………40g
A
　おろししょうが…½かけ
　酢…………………大さじ2
　砂糖………………小さじ2
　水…………………大さじ2
　⬢白だし…………大さじ1

◎作り方

1 ほたてはさっとゆでて水にさらす。生わかめもさっとゆでて水にさらし、食べやすい大きさに切る。

2 きゅうりは小口切りにして白だし小さじ1（分量外）をまぶしてしんなりするまでおき、水気をしっかりと絞る。

3 2を器に盛り、混ぜ合わせたAをかける。

［時間がないときのお助け副菜］

厚揚げと小松菜のさっと煮

◎材料（2人分）

厚揚げ……1枚
小松菜…… ½束
水…………1カップ
⬢白だし…大さじ1

◎作り方

1 厚揚げは8等分に切る。小松菜は3～4㎝長さに切る。

2 鍋に水、白だしを入れて中火にかける。煮立ったら厚揚げを入れて5～6分ほど煮る。小松菜を加えてさっと煮て、そのまま冷ます。

定番和食を料亭の味に

みぞれ鍋

［白だしのおかげで料理名通りのきれいな仕上がり］

◎材料（2人分）

たら…………2切れ
絹豆腐………½丁
白菜…………2、3枚
えのきだけ…1袋
エリンギ……2本
長ねぎ………½本
大根おろし…⅓本分
水……………3カップ
●白だし……大さじ4

◎作り方

1 たらは食べやすい大きさに切る。豆腐は4等分に切る。白菜はざく切りにする。えのきだけは石づきを切り落とす。エリンギは半分の長さに切って縦に薄切りにする。長ねぎは斜め切りにする。

2 鍋に水と白だしを入れて中火にかけ、煮立ってきたら1を入れる。ひと煮立ちしたら大根おろしを加える。煮えばなからいただく。

白だしだから おいしい！

淡白なタラや大根に、白だしがコクやうまみをプラスしてくれます。白く美しい仕上がりも白だしならではです。

あじの南蛮漬け

［下味にも白だしが活躍！］

◎材料（2人分）

あじ（３枚おろし）…２尾分
たまねぎ……………… ¼個
ピーマン……………… １個
赤ピーマン………… １個
赤唐辛子……………… １本
A
- 水…………………大さじ4
- 酢…………………大さじ4
- 砂糖………………大さじ2
- ⬢白だし…………大さじ3

片栗粉………………適量
揚げ油………………適量

◎作り方

1 あじはひと口大に切り、白だし少々（分量外）をまぶしておく。

2 たまねぎは薄切り、ピーマン、赤ピーマンは縦に細切りにする。赤唐辛子は種を取ってちぎる。

3 バットなどの平らな容器にAを入れて混ぜ合せ、2を加え混ぜる。

4 180℃に熱した揚げ油に、片栗粉をまぶしたあじを入れてカラリと揚げ、揚がった順に油をきって3に入れていく。

5 全部揚げ終えたら、漬けておいた野菜をのせてそのまま冷ます。

いつものおかずにコクをプラス

七福醸造の直伝レシピ

「ソースをつけずにめしあがれ」お好み焼き

◎材料（2人分）

豚バラ肉……２枚
キャベツ……２枚
やまといも…150g
卵……………１個
小麦粉………大さじ２
水……………大さじ２
⬢白だし……大さじ１
天かす………大さじ２
サラダ油……大さじ½
マヨネーズ、青のり、紅しょうが
……………各適量

◎作り方

1 キャベツは粗みじん切りにする。やまといもはすりおろす。

2 ボウルにやまといも、卵を入れてよく混ぜる。小麦粉、水、白だしを加え混ぜ、キャベツ、天かすを加え混ぜる。

3 フライパンにサラダ油を熱し、２を流し入れ、豚肉を広げてのせる。弱めの中火にし、ふたをして４〜５分焼く。裏返して３分ほど焼く。

4 器に盛り、マヨネーズを絞り、青のりをふる。紅しょうがを添える。

白だしマイスターの
「ここがおすすめ！」

お好み焼きやたこ焼きなど、だしの風味がおいしさの肝になる料理には、白だしがぴったり。白だしのうまみと風味がいきて、ソースをつけないほうがおいしいほど。

いつものおかずにコクをプラス

コロッケ

［肉じゃがコロッケみたいな味］

◎材料（２人分）

じゃがいも…２個
たまねぎ（みじん切り）
……………大さじ２
豚ひき肉…… 80g
バター……… 10g
●白だし……大さじ１½
こしょう……少々
小麦粉、水 …各大さじ３
パン粉………適量
揚げ油………適量
キャベツのせん切り、
ミニトマト ……各適量

◎作り方

1 じゃがいもはひと口大に切ってラップに包み、電子レンジで２～３分ほど、やわらかくなるまで加熱する。

2 フライパンにバターとたまねぎ、ひき肉を入れて火にかけ、肉がポロポロになるまで炒め、白だし、こしょうを加え混ぜる。

3 １を好みの粗さにつぶして２に加え混ぜる。バットなどに入れ、ぴったりとラップをして冷ます。

4 ３を６等分して小さな小判形にする。小麦粉と水を合わせた衣につけ、パン粉をまぶし、190℃の揚げ油できつね色になるまで揚げる。

5 油をきって器に盛り、キャベツとトマトを添える。

白だしだから **おいしい！**

下味の白だしが効いているから、ソースをかけなくてもおいしく、衣の香ばしい風味まで堪能できます。冷めてもおいしいのでお弁当にも！

［炒めものにも白だしが活躍！］

牛肉とクレソンのバター炒め

◎材料（2人分）

牛焼き肉用… 200g
クレソン……２束
バター……… 10g
こしょう……少々
●白だし……大さじ１

◎作り方

1 クレソンは半分の長さに切る。

2 フライパンにバターを入れて中火にかけ、牛肉を入れてさっと炒める。肉の色が変わったら、こしょうをふり、白だしを加えてざっと炒める。

3 クレソンを加え、さっと炒め合わせ、器に盛る。

白だしだから おいしい！

白だしは油との相性がいいので、炒めものの味つけにも重宝します。和でも洋でも中華でも、いろいろ使ってみてください。

いつものおかずにコクをプラス

［野菜と卵の色合いが鮮やか］

トマトの卵とじ

◎材料（2人分）

トマト……………………… 2個
グリーンアスパラガス… 4本
卵…………………………… 2個
水………………………… ½カップ
●白だし…………………大さじ1
水溶き片栗粉
………水、片栗粉各小さじ2

◎作り方

1 トマトはざく切りにする。アスパラガスは根元を切り落として斜め切りにする。

2 鍋に水、白だしを入れて中火にかけ、煮立ったらアスパラガスを加える。再度煮立ったら水溶き片栗粉でとろみをつけ、トマトを加える。

3 ひと呼吸おいて溶きほぐした卵を加え混ぜ、半熟状になったら火を止める。

［牛乳と白だしが絶妙にマッチ］

白菜のクリーム煮

◎材料（2人分）

白菜…………2枚
長ねぎ………4㎝
ロースハム…4枚
サラダ油……小さじ2
牛乳…………½カップ
水溶き片栗粉
　…水、片栗粉各大さじ2
●白だし……小さじ2

◎作り方

1 白菜はざく切り、長ねぎは縦に細切り、ロースハムは4等分に切る。

2 フライパンにサラダ油を熱し、1を入れて中火でさっと炒める。牛乳を加えて2～3分煮る。白菜がしんなりしたら、白だしで味をととのえ、水溶き片栗粉でとろみをつける。

白だしだから おいしい！

白だしは乳製品との相性がいいので、中華や洋風メニューでミルクを使うものの味つけにぜひ使ってみてください。乳製品の白を美しく仕上げてくれるのもポイント。

いつものおかずにコクをプラス

［ごはんがどんどんすすむ味！］

ゴーヤチャンプルー

◎材料（2人分）

ゴーヤ…………½本
豚ばら肉………100g
木綿豆腐………½丁
卵………………2個
サラダ油………小さじ2
⬢白だし………大さじ1½

◎作り方

1 ゴーヤはワタと種を取り除いて3㎜厚さに切り、白だし小さじ1（分量外）をまぶしてしばらくおく。沸騰した湯に入れてさっとゆで、ざるにあげて水気をきる。

2 豚肉は3㎝幅に切る。豆腐は手で大きくちぎる。

3 フライパンにサラダ油を熱し、豚肉を入れて強火で炒める。肉の色が変わったら豆腐を加えて焼きつける。豆腐に焦げ色がついてきたら1を加えて全体を炒め合わせる。

4 白だしを加え混ぜ、溶きほぐした卵を回し入れ、卵が半熟状になったら火を止め、器に盛る。

白だしだから　おいしい！

白だしの風味が効いているから、本来は仕上げにかけるかつおぶしも省略してOK。ゴーヤの苦みをまろやかにまとめてくれます。

［肉がやわらかくジューシーに］

フライドチキン

◎材料（2人分）

鶏もも肉（から揚げ用）… 300g
おろしにんにく…………1かけ分
牛乳…………………………大さじ1
⬢白だし……………………大さじ1
小麦粉………………………大さじ3
揚げ油………………………適量
レモン（くし形切り）……2切れ

◎作り方

1 鶏肉におろしにんにく、牛乳、白だしを加え、軽くもみこみ、10分ほどおく。

2 1に小麦粉をまぶし、160～170℃に熱した揚げ油でカラリと揚げる。油をきって器に盛り、レモンを添える。

白だしだから おいしい！

浸透が早い白だしに肉をつけると、しっかりと味がつくだけでなく、やわらかくしっとりとした仕上りに。

いつものおかずにコクをプラス

生鮭のクリームチーズ鍋

［体が温まる、やさしい味の洋風鍋］

◎材料（2人分）

生鮭…………………2切れ
白菜…………………2～3枚
しいたけ……………2個
油揚げ………………1枚
クリームチーズ…80g
水……………………3カップ
⬢白だし…………大さじ3 ½

白だしだから おいしい！

白だしはクリームチーズとの相性もぴったり。だしの昆布やカツオの香りはさほど前に出てこないので、洋風のメニューに使っても自然なおいしさです。

◎作り方

1 生鮭は食べやすい大きさに切る。白菜はざく切り、しいたけは縦4等分に切る。油揚げは縦横8等分に切る。

2 クリームチーズは室温でやわらかくするか、電子レンジで10～20秒ほど加熱してやわらかくする。白だしを加え、なめらかになるまで混ぜる。

3 鍋に水を入れて中火にかけ、煮立ってきたら2を加え混ぜる。1を入れ、煮えばなかいただく。

［本格中華もカンタンに！］

シューマイ

◎材料（2人分）

豚ひき肉…………150g
むきえび…………60g
れんこん…………60g
たまねぎ…………1/6個
⬢白だし…………大さじ1 1/2
ごま油……………小さじ1/2
シューマイの皮…14枚
レタス……………3〜4枚
※キャベツ、白菜、チンゲンサイなどの葉野菜でもよい。

◎作り方

1 むきえびは背わたがあれば取り、粗くたたく。れんこんの半量はすり下ろし、残りは粗みじん切りにする。たまねぎはみじん切りにする。

2 豚ひき肉に1、白だしを加えてよく混ぜ、ごま油を加え混ぜる。シューマイの皮で包む。

3 蒸し器にレタスなどを敷き、2を並べ入れ、ふたをする。蒸気の立った鍋にのせ、中火で10分蒸す。

白だしだから **おいしい！**

うまみ、甘み、塩気のバランスがいい白だしだから、ほかの調味料を使わなくても味にまとまりが出ます。本来ならしょうゆ、砂糖、塩…などいろいろと使うシューマイも白だしだけでおいしく完成。

キレイに仕上がるおもてなしメニュー

鶏肉の黄金揚げ

［あんかけで残った卵黄の色合いを活かして］

◎材料（4人分）

鶏むね肉………………2枚（約400g）
●白だし………………大さじ4
天ぷら粉………………100g
水……………………½カップ
卵黄…………………2個分
揚げ油………………適量
あさつき（小口切り）…8本分

◎作り方

1 鶏肉はそぎ切りにして白だしをまぶして軽くもみ、5～10分ほど漬け込む。

2 天ぷら粉に水を加え混ぜ、卵黄も加え混ぜて衣を作る。1の水気をふいて加え混ぜる。

3 160～170℃に熱した揚げ油で、カラリと揚げる。油をきって器に盛り、あさつきをのせる。

ブロッコリーのかにあんかけ

［卵白の白さが際立つ華やかなごちそう］

◎材料（4人分）

ブロッコリー………………1株
ゆでかに
　またはかに風味かまぼこ…80g
卵白………………………2個分
しょうが汁…………………1かけ分
水…………………………1カップ
●白だし……………………大さじ2
水溶き片栗粉
　………………水、片栗粉各小さじ2
ごま油……………………大さじ½

◎作り方

1 ブロッコリーは小房に分け、白だし小さじ1（分量外）を入れた湯で2～3分ゆで、ざるにあげる。

2 フライパンに水、白だしを入れて中火にかけ、煮立ったらほぐしたかに、しょうが汁を入れてさっと煮る。水溶き片栗粉でとろみをつけ、卵白を加えて混ぜる。卵白が固まったら火を止めてごま油を加え混ぜる。

3 1を器に盛り、2をかける。

お客様にも
喜ばれる！

白だしマイスターの「ここがおすすめ！」

素材の色合いを活かして料理を美しく仕上げてくれる白だしは、普段のごはんだけでなく、おもてなしにも役立ちます。短時間でさっと作れるから待たせることもなく、お客様も驚く納得のおいしさです。

まだまだ使える！ ひとことレシピ

ここでは卵黄と卵白を分けて使った主菜2品を紹介しましたが、急な来客時には「親子丼」がおすすめ。10分程度で簡単なおもてなしの一品が完成します！

［豚バラ肉を使うから簡単に巻ける］

らくらくロールキャベツ

◎材料（4人分）

キャベツ…………8枚
かんぴょう………30cm×8本
豚バラ薄切り肉…8枚
水……………………3カップ
●白だし…………大さじ3⅓
ミニトマト………8個

◎作り方

1 キャベツはたっぷりの湯で、やわらかくなるまでゆでる。かんぴょうは水洗いし、塩小さじ1（分量外）をふってもみ、水洗いしてから水につけて戻す。豚肉に白だし小さじ1（分量外）をまぶしておく。

2 キャベツ1枚に豚肉1枚をたたんでのせ、キャベツの両端を折りたたんでクルクルと肉を包み、かんぴょうで2回巻いてしばる。合計8個つくる。

3 鍋に2を敷きつめ、水、白だしを入れて中火にかける。落としぶたをして30分ほど煮る。汁を残して器に盛る。

4 残った煮汁にヘタを取り除いたミニトマトを入れ、さっと煮て、3にかける。

［淡いピンク色が上品なひと皿］

白身魚とたらこのとろみ煮

◎材料（4人分）

たら……………2切れ
たらこ…………小１本
白菜……………２枚
水………………2カップ
●白だし………大さじ1
水溶き片栗粉
…水、片栗粉各大さじ1

◎作り方

1 たらは食べやすい大きさに切る。たらこは皮を取り除く。白菜はざく切りにする。

2 鍋に水、白だしを入れて中火にかけ、煮立ったら白菜とたらを入れて3～5分煮る。たらこを加え混ぜ、水溶き片栗粉でとろみをつける。

キレイに仕上がるおもてなしメニュー

［スープまで飲み干してしまうおいしさ］

和風ポトフ

◎材料（4人分）

豚バラかたまり肉…400g
白菜…………………⅙個
長ねぎ………………1本
にんじん……………1本
しょうが（薄切り）…1かけ
水……………………3カップ
⬢白だし……………大さじ3

◎作り方

1 豚肉は大きめのひと口大に切ってビニール袋に入れ、白だし大さじ1（分量外）を加えて軽くもみ、空気を抜くように袋の口をとじ、1時間以上おく。

2 白菜は大きめのざく切り、長ねぎは3～4㎝長さ、にんじんは8㎜厚さの輪切りにする。

3 鍋に水と白だしを入れて中火にかける。1の肉の水気をふいて入れ、煮立ったらアクを取り除く。弱火にしてふたをし、30分～1時間ほど煮る。2の野菜としょうがを加え、さらに15分ほど弱めの中火で煮る。

白だしだから おいしい！

浸透しやすい白だしは、ごちそう煮物もおいしく仕上げます。下ごしらえにも使えば肉がやわらかくなり、おいしいだしの風味が全体にしっかりと染みこみます。

まだまだ使える！ ひとことレシピ

ポトフ以外におすすめなのはおでん。白だしが具材の持ち味を引き出しながら、全体をおいしくまとめあげます。

えびグラタン

［みんなが笑顔になるごちそうメニュー］

◎材料（4人分）

えび（殻つき）…大12尾
ブロッコリー… ½株
長いも………… 4 cm
バター…………大さじ4
小麦粉…………大さじ3
牛乳……………1カップ
ピザ用チーズ… 60g
こしょう………少々
●白だし………大さじ1

◎作り方

1 えびは背わたがあれば取り除き、殻をむく。ブロッコリーは小房に分ける。長いもは1cm厚さの半月切りにする。

2 鍋に湯を沸かし、白だし小さじ2（分量外）を入れてえびとブロッコリーを一緒にゆで、ざるにあげて水気をきる。

3 フライパンにバターを熱し、バターが溶けたら小麦粉を加えて炒め、牛乳を少しずつ加え混ぜてホワイトソースを作る。さらにこしょう、白だしを加え混ぜる。

4 耐熱容器に2、長いもを並べ入れ、3をかけ、ピザ用チーズをのせ、220℃に予熱したオーブンで10 ～ 15分、チーズに焦げ目がつくまで焼く。

※1人分ずつ小さな耐熱容器に入れて焼いてもよい。工程4で具を等分に入れ、上記と同様の温度と時間で焼く。

つくねバーグの野菜たっぷりあんかけ

［淡白な豆腐と鶏肉に白だしがよく合う］

◎材料（4人分）

鶏ひき肉…………300g
木綿豆腐…………¼丁
卵…………………１個
おろししょうが…１かけ分
パン粉……………大さじ２
長ねぎ……………⅓本
しめじ……………½パック
にんじん…………３～４cm
あさつき…………４本
サラダ油…………大さじ½
水…………………１カップ
●白だし…………大さじ２
みりん……………大さじ１
水溶き片栗粉
　…水、片栗粉各大さじ１½

◎作り方

1 ボウルに水気をきった豆腐、卵、おろししょうが、パン粉を入れて豆腐をしっかり崩しながら全体を混ぜ合せる。

2 長ねぎはみじん切りにし、しめじは石づきを切り落として小房に分ける。にんじんは短冊切りにする。あさつきは３～４cm長さに切る。

3 １に鶏肉、長ねぎを加えてよく混ぜ合せる。６等分して小判形にととのえる。

4 フライパンにサラダ油を熱し、３を並べ入れる。ふたをして弱めの中火で３分ほど焼き、裏返してさらに３分焼いて取り出す。

5 空いたフライパンに水、白だし、みりんを入れて煮立たせ、しめじ、にんじんを入れて煮る。しんなりしたらあさつきを加え、水溶き片栗粉でとろみをつけ、４を戻し入れて１～２分煮る。つくねバーグを先に器に盛り、野菜入りのあんをかける。

まだまだすごい白だしのチカラ！
素材のうまみを引き出す、下漬けメニュー

あまり知られていませんが、白だしに肉や魚を漬けるだけで、すごくおいしくなるんです！魚は臭みが和らぎ、肉は不思議とやわらかく仕上がります。比較的短時間でしっかりと味が染み込むのもうれしいメリット。

レモン豚

◎材料（作りやすい分量）

豚薄切り肉……… 200g
●白だし…………大さじ２
酒…………………大さじ１
レモンスライス…５、６枚

◎作り方

豚肉を密閉容器に入れ、白だし、酒を加え、レモンスライスをのせ、ふたをする。30分ほど漬け込む。

※冷蔵庫で１日ほど保存可能。

［レモンの香りでさっぱりいただく］

豚肉のレモンバターソテー

バターを
溶かしてソテー
するだけ！

◎作り方

フライパンにバターを入れて熱し、レモン豚を入れて中火で炒め、ドライパセリをちらす（レモンは好みで食べてもよい）。

まだまだすごい白だしのチカラ！

素材のうまみを引き出す、下漬けメニュー

白身魚の白だし漬け

◎材料（作りやすい分量）

白身魚（鰆を使用）… 2切れ
⬢白だし……………小さじ2

◎作り方

白身魚に白だしをまぶし、10分ほどおく。

※ビニール袋に入れて空気を抜き、冷蔵庫で1日ほど保存可能。

↓

白身魚のホイル焼き

［野菜にもしっかり味がしみ込む］

野菜とホイルに包んで蒸し焼きに！

◎作り方

白身魚の白だし漬けをにんじん、長ねぎ、しめじなどの野菜と一緒にアルミホイルに包む。オーブントースターで8～10分蒸し焼きにする。仕上げにすだちをのせる。

手羽先のごまはちみつ漬け

◎材料（作りやすい分量）

手羽先………３本
⬢白だし……大さじ１
はちみつ……大さじ１
白いりごま…大さじ１

◎作り方

手羽先に白だしをまぶし、はちみつをかけ、白いりごまをふる。はちみつが溶けるまで１〜２時間ほど漬け込む。

※密閉容器に入れ、冷蔵庫で１日ほど保存可能。

［こんがり焼けたはちみつが香ばしい］

手羽先のこんがり焼き

そのまま
オーブンで
焼くだけ！

◎作り方

オーブンの天板にアルミホイルをしいて手羽先のごまはちみつ漬けを並べ入れる。ごまが足りない場合は追加してふる。180℃に熱したオーブンで12 〜 15分焼く。

※途中焦げ色が強くなった場合はアルミホイルをかぶせてください。

めかじきのハーブ漬け

◎材料（作りやすい分量）

めかじき……………２切れ
⬢白だし……………小さじ２
にんにく（薄切り）…１かけ分
ローズマリー………適量
オリーブオイル……大さじ１

◎作り方

めかじきに白だしをまぶし、にんにく、ローズマリーをのせ、オリーブオイルをかけ、30分ほど漬ける。

※密閉容器に入れ、冷蔵庫で１日ほど保存可能。

↓

［ハーブとにんにくの香りが豊か］

めかじきのハーブ焼き

◎作り方

オーブンの天板にアルミホイルをしいてめかじきのハーブ漬けを並べ入れる。200℃に熱したオーブンで８～10分焼く。

三章

これ一品で大満足！主食レシピ

時間がないときに便利な一品料理。実は味が決まりにくかったり、物足りなかったりしがち。でも白だしなら、ぴったり味つけが決まり、コクも出るから大満足の仕上がり！　さらに、白だしの用途をぐっと広げる世界のレシピもご紹介。

一品完結のお助けメニュー

七福醸造の直伝レシピ

［味つけは白だしだけなのに、こんなにおいしい！］

炊き込みごはん

◎材料（作りやすい分量）

米……………3合
鶏もも肉……100g
にんじん……40g
ごぼう………50g
しめじ………50g
しいたけ……小2個
水……………540mℓ
⬢白だし……大さじ4

◎作り方

1 米はといで炊飯器の内釜に入れ、水を加え混ぜる。

2 鶏もも肉は1㎝角に切り、白だし小さじ½（分量外）で下味をつける。にんじんは5～8㎜角に切る。ごぼうはささがきにし、水にさらして水気をきる。しめじは石づきを切り落として小房に分ける。しいたけは石づきを切り落として3㎜厚さに切る。

3 1に白だしを加え混ぜ、2をのせて普通に炊く。

白だしマイスターの「ここがおすすめ！」

白だしがあれば、ごはんものや麺類の味が簡単に決まるので便利。特に炊き込みごはんは、炊く前の味つけ加減が難しいものですが、白だしだけなので失敗知らず。角のないまろやかな味に仕上がるので、どんどん食がすすみます。

まだまだ使える！ ひとことレシピ

具材は定番のもの以外にも、きのこだけを使ってもおいしい。茶色くならず色が美しく仕上がるので、栗ごはんなどにもおすすめです。

和風カルボナーラ

［豆乳と粉チーズでコク深い味に］

◎材料（2人分）

スパゲッティ…200g
卵…………………3個
オクラ…………6本
ひきわり納豆…2パック
豆乳……………1/4カップ
●白だし………大さじ2
粉チーズ………大さじ1
バター…………10g

◎作り方

1 ボウルに卵を割りほぐし、ひきわり納豆、豆乳、白だし、粉チーズを加え混ぜ、バターを入れておく。

2 鍋にたっぷりの湯を沸かし、白だし大さじ1（分量外）を入れて、オクラをさっとゆでて取り出す。残った湯にスパゲッティを入れ、袋の表示時間ゆでる。

3 オクラは8㎜厚さに切って、1に加えておく。

4 スパゲッティがゆであがったらざるにあげて水気をきり、熱いうちに3に入れてからめる。バターが溶けて、ソースに少しとろみがつく程度になったら、器に盛る。

白だしだから おいしい！

このレシピのポイントは、白だしでパスタをゆでること。パスタがだしのうまみをまとって、ソースとの味のなじみがよくなります。ソースに使った卵、チーズや豆乳、バターはどれも白だしと相性抜群！

［だしのおいしさをストレートに味わう］

さっぱり肉南蛮うどん

◎材料（2人分）

冷凍うどん……２玉
鶏ささみ肉……２本
長ねぎ…………６㎝
しいたけ………２個
水………………５カップ
●白だし………大さじ５
かいわれ大根…適量

◎作り方

1 ささみは筋を取り除いてそぎ切りにする。長ねぎは３㎝長さの縦細切りにする。しいたけは石づきを切り落として薄切りにする。

2 鍋に水と白だしを入れて中火にかける。煮立ったらうどんを凍ったまま入れる。麺がほぐれてきたら１を加える。２～３分ほど煮て器に盛り、かいわれを添える。

白だしだから おいしい！

うどんはだしのおいしさが肝。白だしを使えばだしをとる必要がありません。しかも味つけもできるので、薄めるだけで大満足のおいしさに仕上がります。

あっさりチャーハン

［さっぱりながら満足感のある味わい］

◎材料（2人分）

ゆでだこ	160g
レタス	2枚
あさつき	4本
にんにく（粗みじん切り）	1かけ
ごはん	茶碗2杯分
こしょう	少々
●白だし	大さじ2～3
サラダ油	大さじ½

◎作り方

1 ゆでだこは8mm角に切る。レタスはざく切りにする。あさつきは小口切りにする。

2 フライパンにサラダ油とにんにくを入れて火にかけ、香りが立ったらたこを入れて炒める。ごはんを加え、こしょう、白だしを加えて炒め合わせる。

3 レタス、あさつきを加えてさっと炒め合わせ、器に盛る。

白だしだから おいしい！

チャーハンには通常、中華だしなどを使いますが、白だしがコク出しと味つけの両方をかねているので、ほかの調味料がなくてもしっかりした味に。

〔白だしはパンにもよく合う！〕

まぐろとアボカドのオープンサンド

◎材料（2人分）

バゲット………………… 8㎝
まぐろ…………………… 60g
アボカド………………… ½個
あさつき（小口切り）…少々
オリーブオイル………大さじ½
レモン汁………………小さじ1
おろしにんにく………少々
こしょう………………少々
⬢白だし………………大さじ1

◎作り方

1 バゲットは1㎝厚さに切り、オーブントースターでトーストしておく。

2 まぐろは8㎜角、アボカドは1㎝角に切る。あさつき、オリーブオイル、レモン汁、おろしにんにく、こしょう、白だしを加えて和え、1にのせる。

白だしだから おいしい！

味の染み込みが早い白だしだから、短時間でも具にしっかりと味がなじみます。生の魚の臭みをとってくれるので食べやすくなり、洋風メニューにも違和感なくマッチします。

あんかけ焼きそば

［白だしなら味がしっかりまとまる］

◎材料（2人分）

豚ばら薄切り肉……150g
しいたけ……………2個
白菜…………………150g
にんじん……………4 cm
長ねぎ………………6 cm
絹さや………………8枚
焼きそば用蒸し麺…2玉
サラダ油……………大さじ1½
うずら卵（水煮）……6個
水……………………1½カップ
⬢白だし……………大さじ3
水溶き片栗粉…水、片栗粉各大さじ2
ごま油………………大さじ½
こしょう……………少々

◎作り方

1 豚肉は3cm幅に切る。しいたけは石づきを切り落として薄切り、白菜はざく切り、にんじんは短冊切り、長ねぎは細切り、絹さやはへたを取って斜め半分に切る。

2 フライパンにサラダ油を熱し、麺を入れて水大さじ2（分量外）をふり入れてふたをし、蒸らして麺をほぐす。ふたを外して麺を焼きつけ、きれいな焦げ色がついたら器に盛っておく。

3 空いたフライパンに豚肉を入れて強めの中火で炒め、肉の色が変わったら、絹さや以外の野菜、しいたけ、うずらの卵を入れて炒める。

4 油が回ったら水を加え、白だしで味をととのえる。野菜がしんなりしてきたら絹さやを加えて火を弱め、水溶き片栗粉でとろみをつける。火を止めてごま油とこしょうを加え混ぜ、2にかける。

簡単カレーピラフ

［レンジで完成するスピードメニュー］

◎材料（2人分）

ごはん……………………茶碗２杯分
ウインナーソーセージ…４本
たまねぎ…………………¼個
ピーマン…………………１個
こしょう…………………少々
カレー粉…………………小さじ２
●白だし…………………大さじ２
トマトケチャップ………小さじ１
バター……………………20g

白だしだから おいしい!

実はバターと白だしはとっても相性がいい組み合わせ。白だしのカツオの風味は前に出ず、カレーやケチャップなど洋風の食材と見事にマッチします。

◎作り方

1 ウインナーソーセージは１㎝幅に切る。たまねぎは薄切りにする。ピーマンは８㎜角に切る。

2 耐熱ボウルにごはんを入れ、ソーセージとたまねぎをのせ、こしょう、カレー粉をふり入れ、トマトケチャップを加え、白だしをふりかける。ふんわりとラップをし、電子レンジで３分加熱する。

3 取り出して全体を混ぜる。バターとピーマンを加え、ラップをかけずに１分30秒加熱して全体を混ぜ、器に盛る。

冷やしそうめん ごま豆乳だれ

［火を使わず、味つけも白だしだけ！］

◎材料（2人分）

そうめん………200g
トマト…………1個
きゅうり………½本
みょうが………1個
レタス…………2枚
豆乳……………3カップ
●白だし………大さじ2
白すりごま……小さじ2

◎作り方

1 豆乳、白だし、白すりごまを混ぜ合せ、冷蔵庫で冷やしておく。

2 トマトはくし形切り、きゅうりとみょうがは細切りにして水にさらし、水気をきる。レタスは大きくちぎる。

3 鍋にたっぷりの湯をわかし、そうめんをゆで、流水にさらして氷水につけて冷やし、ざるにあげて水気をきる。

4 器に2と3を盛り、1を注ぐ。

白だしだから おいしい！

そうめんはなんとなく味が物足りなくなりがちですが、白だしがコクとうまみを持っているので、満足感のある味に仕上がります。豆乳ともよく合うので、夏の定番になりそう。

［シンプルなのにハマる味！］

きざみにら和えうどん

◎材料（2人分）

冷凍うどん……２玉
にら……………１束
⬢白だし………大さじ３
ごま油…………大さじ２
一味唐辛子……適量

◎作り方

1 にらは小口切りにする。

2 冷凍うどんは熱湯に入れてゆで、ざるにあげてボウルに入れる。熱いうちに白だしを加え混ぜる。にらをのせる。

3 ごま油を小さなフライパンに入れて熱し、にらの上から回しかける。全体を混ぜ合せて器に盛り、一味唐辛子をふる。

白だしだから おいしい！

白だし自体の味のバランスがととのっているから、材料は極力シンプルにしても味にまとまりが出ます。しっかりしたうまみであとひくおいしさに。

どんな国の料理にも、相性ぴったり！世界のレシピを白だしで

「白だし＝和食」のイメージがありますが、実は想像以上に幅広い料理に使える優秀な調味料！その魅力を活かした、世界の料理を紹介します。かつおや昆布の風味はそれほど前に出てきませんが、コクや深みを与えてくれるので、味がワンランクアップします。

スペイン

パエリア風

［魚介・肉・白だしのうまみを吸ったごはんが絶品］

◎材料（4人分）

有頭えび	4尾
鶏手羽肉	2本
あさり（砂抜き済み）	6個
パプリカ（赤）	½個
ピーマン	1個
たまねぎ（粗みじん切り）	¼個
にんにく（粗みじん切り）	1かけ
オリーブオイル	大さじ2
酒	大さじ1
サフラン	ひとつまみ
米	1½合
水	1½カップ
●白だし	大さじ2
塩、こしょう	各少々
レモン（くし形切り）	2切れ

◎作り方

1 えびは背わたを取る。鶏肉は骨に沿って切れ目を入れる。パプリカ、ピーマンは縦8㎜幅ほどに切る。サフランはぬるま湯大さじ1（分量外）と合わせておく。

2 フライパンにオリーブオイル大さじ1を熱し、えびと鶏肉を入れ、中火でソテーする。最後にあさりを加え、酒、塩、こしょうを加えてふたをし、あさりの口が開いたら、ボウルをかませたざるにあげる（蒸し汁はあとで使用する）。

3 空いたフライパンをさっとふき、オリーブオイル大さじ1を足し、たまねぎとにんにくを入れて中火で炒める。米を洗わずに加えて炒め、透き通った感じになってきたら水、白だし、サフラン、2の蒸し汁を加える。手羽先をのせ、ふたをして弱火で15分加熱する。

4 2のえび、あさりを並べ入れ、パプリカ、ピーマンをのせ、ふたをしてさらに1分加熱し、火を止める。ふたをしたまま5分ほど蒸らす。レモンを添える。

白だし だから おいしい!

しっかりとした香りを持つ白だしですが、入っていることに気がつかないほどに料理にマッチします。

フランス

キッシュ

［フランスのおしゃれな一品を白だしで］

◎材料（2人分・400mℓ程度の容器）

ほうれん草……………… 200g
ベーコン………………… 60g
卵………………………… 2個
生クリーム……………… ½カップ
●白だし………………… 大さじ1
サンドイッチ用パン…6～8枚
バター…………………… 少々
ピザ用チーズ…………… 40g

◎作り方

1 ほうれん草は塩ゆでし、流水にさらして水気をきり、3cm長さに切って、さらに水気を絞る。ベーコンは1cm幅に切る。

2 ボウルに卵を割り入れ、生クリーム、白だしを加え混ぜる。

3 サンドイッチ用パンを耐熱容器に敷き詰める（大きさに合わせて切り分ける）。パンにバターを塗る。

4 3にほうれん草、ベーコンを入れ、2を流し入れる。ピザ用チーズをのせ、180℃に予熱したオーブンで25～30分焼く。

白だしだから おいしい！

卵、乳製品と相性のいい白だしは、もちろんキッシュもおいしく仕上げてくれます。食パンを使った簡単レシピですが、コクのあるしっかりとした味わいです。

イタリア

アクアパッツァ

［白だし入りでおいしさ倍増！］

◎材料（2人分）

白身魚……………………2切れ
あさり（砂抜き済み）…100g
ミニトマト……………6個
ブラックオリーブ（種抜き）
………………………4粒
にんにく（薄切り）……1かけ
ケッパー………………大さじ½
オリーブオイル………大さじ1½
白ワインまたは酒……大さじ2
●白だし………………大さじ2½
水………………………½カップ
タイム…………………適量

◎作り方

1 ミニトマトはヘタを取る。ブラックオリーブは半分に切る。白身魚は白だし少々（分量外）をまぶして下味をつける。

2 フライパンににんにくとオリーブオイルを入れて中火にかけ、香りが立ったら、白身魚の水気をふき、皮を下にして入れる。皮に焦げ目がついたら裏返し、あさり、ブラックオリーブ、ケッパーを加え、白ワイン、白だし、水を加える。ふたをしてあさりの口が開くまで火を通す。

3 ミニトマトを加えてさっと煮る。味を見て、塩分が足りなければ白だしで味をととのえる（魚やあさりの塩分によって仕上がりに差が出るので、最後に白だしで味をととのえる）。器に盛り、タイムを飾る。

白だしだから おいしい！

魚介のエキスをスープごと味わうアクアパッツァに白だしが加わることで、さらにうまみがアップ。ハーブや白ワインの香りにも、違和感なくマッチします。

どんな国の料理にも、相性ぴったり！

世界のレシピを白だしで

タイ

ヤムウンセン

［白だしならエスニックだってお手のもの］

◎材料（2人分）

春雨	50g
むきえび	6尾
豚ひき肉	50g
きゅうり	½本
たまねぎ	⅙個
A	
青唐辛子（小口切り）	1本分
●白だし	大さじ1
レモン汁	大さじ1
砂糖	小さじ1
香菜	適量

◎作り方

1 春雨はぬるま湯につけて戻す。むきえびは縦半分に切り、背わたを取り除く。きゅうりは縦半分に切って斜め切りにする。たまねぎは薄切りにする。

2 ボウルにAを入れて混ぜ、きゅうり、たまねぎも加え混ぜる。

3 鍋に湯を沸かし、白だし小さじ1（分量外）を入れ、えびを入れる。ひと呼吸おいて豚肉、水気をきった春雨を入れてさっとゆで、ざるにあげて水気をきる。

4 2に3を加え混ぜる。冷めるまでおく。器に盛り、香菜を飾る。

白だしだから おいしい！

具材をゆでるときに白だしを使うので、素材にだしの味が染み込み、全体的な味の深みがアップ。ドレッシングとのなじみもよくなります。

ベトナム

生春巻き

［ナンプラー代わりに白だしを使って］

◎材料（2人分）

生春巻きの皮……………………… 4 枚
プリーツレタス（レタスでも可）… 4 枚
あさつき…………………………… 4 本
むきえび……………………………12尾
まぐろ（刺身用）………………… 8 切れ
A
　にんにく（薄切り）……………… 2 枚
　赤唐辛子（種を取ってちぎる）… 1 本
　レモン汁…………………………大さじ1
　白だし……………………………大さじ1
　砂糖………………………………大さじ½
香菜…………………………………適量

◎作り方

1 プリーツレタスは手でちぎる。あさつきは根元と葉先をカットして20㎝くらいの長さにする。むきえびは背わたがあれば取り除き、白だし小さじ１（分量外）を入れた湯でゆでる。まぐろは縦半分に切り、白だし少々（分量外）をまぶす。

2 生春巻きの皮を水で湿らせて戻し、レタス、まぐろの¼量をのせ、向こう側にむきえび３尾、香菜１本を並べる。手前からレタスの位置までひと巻きして両端を折り、さらにひと巻きし、あさつきをかませて巻き終わる。同様にして４本作る。

3 器に盛り、香菜を飾り、Aのたれを添える。

白だしだから **おいしい！**

しっかりとしたうまみ、塩気がある白だしは、タレにもぴったり。ナンプラーの代わりに白だしを使うことで、マイルドに仕上がります。

どんな国の料理にも、相性ぴったり！

世界のレシピを白だしで

アメリカ

クラムチャウダー

【貝は最後に入れて煮るだけでうまみたっぷり】

◎材料（2人分）

はまぐり もしくはあさり（むき身）	150g
じゃがいも	1個
セロリ（茎）	1本分
にんじん	⅓本
たまねぎ	½個
ベーコン	1枚
牛乳	2カップ
バター	20g
小麦粉	大さじ1
●白だし	大さじ2

◎作り方

1 はまぐりまたはあさりのむき身は塩水でふり洗いし、水気をきる。

2 じゃがいもは2cm角、セロリは1cm幅、にんじん、たまねぎは1cm角に切る。ベーコンは細切りにする。

3 鍋にバターを熱し、溶けてきたら2を入れて炒める。小麦粉を加えて炒め合わせる。牛乳を少しずつ加え混ぜる。弱火にして、じゃがいもがやわらかくなるまで煮る。白だし、1を加え混ぜ、1～2分煮る。

白だしだから **おいしい！**

乳製品とおいしくマッチする白だしは、ミルク系のスープにはぜひ使ってみてほしい。うまみもさらにアップします。

七福醸造の白だしについて

本書で使用した七福醸造の白だしについて紹介します。こだわりの厳選素材を使っててていねいに作られた、安心して使用できる製品です。

特選料亭白だし

日本で唯一、ＪＡＳ有機白しょうゆを原料にし、かつお節（本枯れ節）や北海道産の昆布、大分産のどんこ、三河本みりん、天日塩といったこだわりの厳選素材を使用した白だしです。

料亭白だし 四季の彩

料亭白だしより、だしを三割増やし、より自然でうまみが際立つ味わいに仕上げたタイプ。

お取り寄せ専用の商品です。
0120-49-0855

七福の白だしは、こうして作られます

もともと白しょうゆの醸造元である七福醸造では、白だしのベースとなる白しょうゆから製造。日本で唯一の白しょうゆＪＡＳ有機認定工場で、一般的な白しょうゆの2～3倍の時間をかけてじっくり熟成させるのが特徴です。ていねいに作りあげた白しょうゆに、厳選素材から抽出しただしが調合され、白だしが完成します。

白しょうゆ作り

- 小麦・大豆を洗う
- 水に浸して蒸し、冷却
- 白しょうゆ種麹を混ぜる
- 食塩水を加える
- 約３カ月熟成
- ろ過

だし作り

- だしを抽出する

- 白しょうゆにだしを調合
- ろ過や殺菌、検査など
- **完成！**

著者（料理）
柳澤英子（やなぎさわ えいこ）
料理研究家・編集者
㈱ケイ・ライターズクラブ代表取締役
sakamachi cooking lab.主宰

2011年、52歳のときに食を楽しむ独自の食事法を始め、1年後には26キロ減の47キロに。その後、リバウンドもなく、炭水化物の制限をゆるめても太りにくい体質と健康をキープ。忙しい人でも苦にならずに作れる簡単レシピが好評。
『ひとりごはん』『ふたりごはん』（ともに西東社）は続編含めて20万部超のロングセラー。近著に『やせる！老けない！チアシードレシピ』（小学館）、『やせる食べ方』（三笠書房）、『サーモンできれいにやせる』（ぴあ）、『酢トマトレシピ』（オレンジページ）などがあり、『やせるおかず 作りおき』『夫もやせるおかず 作りおき』『お弁当もやせるおかず 作りおき』『全部レンチン！やせるおかず 作りおき』『超入門！やせるおかず 作りおき』『全部レンチン！ やせるおかず 作りおき2』『全部コルスタ！やせるおかず 作りおき』の『やせおか』シリーズ（小学館）は累計258万部超の大ヒットに。
J-オイルミルズ社「AJINOMOTOオリーブオイル エキストラバージン」CMに出演中。
茨城県筑西市出身。

監修
七福醸造株式会社
ひちふくじょうぞうかぶしきがいしゃ
http://www.shirodashi.co.jp/
電話：0566-92-5213（年中無休／ 9：00～17：00）
FAX：0566-92-6210（年中無休／ 24時間受付）

七福醸造の白だし工場「ありがとうの里」は、
いつでも工場見学が可能です。
電話（0566-41-1508）にて予約をすると、
白だし料理の試食をすることもできます。

スタッフ
撮影◎矢野宗利
デザイン◎尾崎文彦（tongpoo）
編集・構成・文◎佐々木智恵美（K-Writer's club）
企画・進行◎打木 歩　宮崎友美子（辰巳出版株式会社）

＊読者の皆様へ
本書の内容に関するお問い合わせは、
お手紙かメール（info@TG-NET.co.jp）にて承ります。
恐縮ですが、電話でのお問い合わせはご遠慮ください。

白だしの元祖・七福醸造直伝

万能　白だし料理帖

2013年4月25日　初版第1刷発行
2018年1月20日　初版第3刷発行

著　者　柳澤英子
編集人　井上祐彦
発行人　穂谷竹俊
発行所　株式会社日東書院本社
〒160-0022　東京都新宿区新宿2丁目15番14号 辰巳ビル
TEL：03-5360-7522（代表）
FAX：03-5360-8951（販売部）
URL：http://www.TG-NET.co.jp
印刷所　三共グラフィック株式会社
製本所　株式会社宮本製本所

ISBN978-4-528-01767-2　C2077